Lienhard Pflaum

Gottes
Hände

von Ruth Schultz

D1735502

ISBN 3 501 11048 0

2. Auflage · 11.–20. Tausend
Titelfoto: H. Müller-Bruncke, Leuchtende Ahornblätter
mit Watzmann
Rückseitenfoto: H. Schlegel, Baggersee bei Lahr
Gesamtherstellung:
St.-Johannis-Druckerei C. Schweickhardt
7630 Lahr-Dinglingen
Printed in Germany   7988/1982

Siehe, in die Hände habe ICH dich gezeichnet.

Jesaja Kapitel 49, Vers 16

Hände

Haben wir schon einmal die menschlichen Hände beobachtet? Wir können dabei allerlei Entdeckungen machen und Überraschungen erleben. Wie vielgestaltig sind die Hände der Menschen! Und wie verschieden werden sie gebraucht!

Wir sehen zarte und kräftige Hände. Gepflegte und abgearbeitete Hände. Lässige Hände und geschäftige. Hände, die gierig raffen und krampfhaft festhalten, und solche, die zum Geben und Schenken geöffnet sind. Drohend zur Faust geballte oder zum Segnen erhobene; verletzende und tötende oder helfende und heilende Hände. Abweisende oder einladende Hände. Und nicht zu vergessen: betende Hände. Wer denkt dabei nicht an Albrecht Dürers bekannte und so eindrucksvolle Skizze »Betende Hände«!

Gottes Hände

Im 49. Kapitel des Propheten Jesaja lesen wir von Gottes Händen; von Gottes Händen, in die ER unsere Namen einzeichnet und die uns in Jesus Christus, seinem Sohn, so nahe gekommen sind. »Siehe, in die Hände habe ICH dich gezeichnet.«

Wie könnte ein Künstler diese Hände Gottes darstellen? Was für Hände sind es? Was tun sie?

Es sind zunächst einmal:

Die durchbohrten Hände, die uns erlösen

Durchbohrte Hände – ein schrecklicher Anblick!

Verletzte und blutende Hände sind nichts Schönes, nichts Anziehendes. Sie stoßen uns ab. Hart und grauenvoll ist der Anblick; so hart und grauenvoll wie Leid und Schmerz, Gewalt und Krieg unter der Menschheit. Wir möchten am liebsten wegschauen.

Durchbohrte Hände – ein erschütternder Anblick!

Wir, die Menschen, haben am Kreuz auf dem Hinrichtungsplatz Golgatha die Hände Jesu Christi,

4

ja die Hände Gottes durchbohrt, zerfetzt. Wir haben Gottes Sohn gequält und zu Tode gefoltert. Auch wir Heutigen; denn »ER ist um unsrer Missetat willen verwundet und um unserer Sünde willen zerschlagen« (Jes. 53, 5). Erschütternd!

Durchbohrte Hände – ein tröstlicher Anblick!

Nur diese durchbohrten Hände können unsere Schuld vor Gott tilgen, uns von Ketten befreien, aus der Macht des Widersachers Gottes erlösen und vor dem ewigen Verderben erretten. »Durch Seine Wunden sind wir geheilt« (Jes. 53, 5). Wie tröstlich! Soviel hat Gott es sich kosten lassen, um uns zu helfen. Wer diese für uns durchbohrten Hände zurückweist, schlägt seine einzige Rettung, seine Hoffnung und Zukunft aus.

Erst von den durchbohrten Händen Jesu aus erschließen sich uns Gottes Hände. Diese Hände suchen uns, um uns zu helfen und zu dienen.

Die segnenden Hände, die uns beschenken

Die durchbohrten Hände öffnen sich, um uns zu beschenken.

»Du tust deine Hand auf und sättigst alles, was lebt, nach Deinem Wohlgefallen« (Ps. 145, 16). Gottes Hände segnen und beschenken uns mit irdischen Gaben: mit Gesundheit, Nahrung, Kleidung, Obdach; mit Gaben des Geistes und der Seele. Weitaus bedeutsamer sind die Gaben, die uns Gott mit Seinem Sohn und durch IHN gibt: »Gelobt sei Gott, der Vater unseres Herrn Jesus Christus, der uns gesegnet hat mit allerlei geistlichem Segen in himmlischen Gütern durch Christus« (Eph. 1, 3).

Sind aber diese segnenden Hände nicht so oft verborgen? Zieht Gott sie nicht zurück und überläßt uns dann der Not, den Sorgen, unserem Schicksal?

Gewiß gibt es das. Wenn Gott Menschen »dahingibt« (Röm. 1, 18 ff.), dann ist es ein Zeichen des Gerichts oder der Züchtigung. Wer Jesus Christus angehört, wer zum Volk Gottes zählt, darf es jedoch wissen, daß gerade auf schweren Wegen des Lebens und im Wolkendunkel des Leides, der Anfechtung, der Trübsal der HERR einen besonderen Segen bereithält. Ja, es fällt uns oft so schwer, dies zu erkennen. Die Augen sind uns wie zugehalten, und wir verzagen schnell, murren und hadern. Aber dann mahnt uns Gottes Wort: »Sie-

6

he, des HERRN Arm ist nicht zu kurz, daß ER nicht helfen könnte (Jes. 59, 1). Wie vielen schon war es wie ein Sonnenstrahl im Dunkel: »Wir wissen aber, daß denen, die Gott lieben, alle Dinge zum Besten dienen, denen, die nach dem Vorsatz berufen sind« (Röm. 8, 28). Das ist Gottes segnende Hand in notvollen, schweren Tagen.

Auch im Sterben wollen Gottes Hände uns noch segnen. Darum singt Philipp Spitta (1801–1859):

Bleib mir nah auf dieser Erden,
bleib auch, wenn mein Tag sich neigt,
wenn es nun will Abend werden
und die Nacht herniedersteigt.
Lege *segnend* dann die Hände
mir aufs müde, schwache Haupt,
sprich: »Mein Kind, hier geht's zu Ende;
aber dort lebt, wer hier glaubt.«

Segnende Hände Gottes im Leben der Gemeinde

»Und die Hand des HERRN war mit ihnen . . .«
(Apg. 11, 21).

ER beschenkt seine Gemeinde mit Gaben, die zugleich mit dem Heiligen Geist gegeben werden und bei einem Leben im Heiligen Geist sich entfalten. Die wichtigsten Geistesgaben sind Glaube,

Hoffnung und Liebe. »Aber die Liebe ist die größte unter ihnen« (1. Kor. 13, 13).

Des Herrn Hände öffnen der Gemeinde die Türen zu den Menschen und segnen das Zeugnis und den Dienst der Seinen: ». . . und eine große Zahl ward gläubig und bekehrte sich zu dem HERRN« (Apg. 11, 21).

Segnende Hände Gottes –
auch in unserem Leben?

Ja, wenn wir uns von den durchbohrten Händen haben erlösen lassen. Erlöst – gesegnet. Dann klingt in unserem Leben eine Melodie auf: »Lobe den HERRN, meine Seele, und vergiß nicht, was Er dir Gutes getan hat« (Ps. 103, 2).

Welche Züge müßte ein Künstler in sein Bild noch hineinmalen, wenn er Gottes Hände gleichnishaft darstellen wollte? Es sind:

Die starken Hände,
die uns nicht fallen lassen

Gottes Hände sind stark –
ein Wort des Gerichts

Für den Menschen, der sich von Gott abwendet,

der von seinem Schöpfer nichts wissen will, der dem HERRN feind ist, bedeutet dies Gericht. Gottes Hände sind stark; er wird ihnen nicht entrinnen können. »Niemand ist da, der aus meiner Hand erretten kann« (Jes. 43, 13). – »Schrecklich ist's, in die Hände des lebendigen Gottes zu fallen« (Hebr. 10, 31).

Gottes Hände sind stark –
ein Wort der Verheißung

Gott läßt nicht mehr los, was Seine Hände umschließen. Das zu wissen, ist Trost und Verheißung für Gottes Volk und Gottes Kinder.

Die starke Hand Gottes
läßt Israel nicht fallen

Israels Ungehorsam kann Gottes Treue zu Seinen Verheißungen nicht aufheben. Mit starker Hand hatte ER Sein Volk verstoßen. Mit starker Hand sammelt ER es und wird es durch Gericht und Gnade zum Ziel bringen und ihm im kommenden Friedensreich Jesu Christi, dem Tausendjährigen Reich, noch besondere Aufgaben übertragen.

Die starke Hand Gottes
läßt die Seinen nicht fallen

Gewiß kann sie uns demütigen, wenn es für unser geistliches Wachstum und im Blick auf das herrliche Erbe, das uns verheißen ist und das wir erlangen sollen, nötig ist. »So demütiget euch nun unter die gewaltige Hand Gottes, daß ER euch erhöre zu Seiner Zeit« (1. Petr. 5, 6). Aber diese Hand läßt uns nicht fallen.

In meiner Jubiläumsbibel steht neben dem Wort: »Siehe, in die Hände habe ICH dich gezeichnet« (Jes. 49, 16) der Bleistifteintrag: »Beginn des Studiums«. Im ersten oder zweiten Semester meines Theologiestudiums war ich in eine Krise geraten. Alle innere Gewißheit und Klarheit, daß dies der rechte, vom Herrn gewiesene Weg war, geriet ins Wanken. Wie so oft, zog meine liebe Mutter unter Gebet ein Bibelwort. Es war Jesaja 49, Vers 16. Dieses Wort war mir auch später oft ein Trost: die starken Hände tragen dich hindurch!

Es gibt Stunden, da wir schier verzagen und verzweifeln. In der Anfechtung kann alles fraglich werden. Dann bewegt uns die bange Frage, ob wir es schaffen, ob wir das Ziel der ewig währenden Seligkeit erreichen werden. Um so heller leuchtet die Verheißung: Gottes starke Hände lassen uns nicht fallen. »Der in euch angefangen hat das gute Werk, der wird's auch vollführen bis an den Tag Jesu Christi« (Phil. 1, 6).

Ein junger, hoffnungsvoller Mensch war im Alter von 23 Jahren unerwartet gestorben. Wir saßen in der Friedhofskapelle. Vorn stand der Sarg. Der Trauergottesdienst hatte noch nicht begonnen. In solchen Augenblicken überwältigt der Schmerz des Todes Seele und Geist und überschattet die Hoffnung auf den wiederkommenden HERRN und Seinen großen Tag. Die Herzen waren voll Trauer und die Augen voll Tränen. Da fiel mein Blick auf die Stirnwand der Kapelle. Ein mosaikähnliches Bild stellte den Guten Hirten dar. Links und rechts davon standen die Worte Jesu: »Niemand wird sie aus Meiner Hand reißen« (Joh. 10, 28). Mein Herz wurde froh und getrost; denn wir nahmen für diese irdische Zeit von einem jungen Menschen Abschied, der sein Leben bewußt in die Hand seines Herrn Jesus Christus gelegt hatte. Nun war es wieder klar: In Seiner Hand blieb er im Sterben; in Seiner Hand ist er auch nach dem Sterben geborgen.

Unser Herr und Heiland Jesus Christus befahl sich beim Sterben in die Hand Seines Vaters: »Vater, ICH befehle Meinen Geist in Deine Hände!« (Luk. 23, 46). Nun dürfen wir unseren Geist in Jesu Hände befehlen im Leben und im Sterben.

11

Die starke Hand Gottes
läßt Seine Gemeinde nicht fallen

»Die Pforten der Hölle sollen sie nicht überwältigen« (Matth. 16, 18). In manchen Ländern müssen die Christen unsagbare Not und teuflische Anfechtungen durchstehen. Das Herz könnte einem brechen. Und wie werden *wir* durch die schon beginnende Endzeit hindurchkommen? Wir können uns nur der starken Hände Gottes, die in Jesus greifbar geworden sind und vor denen die Mächte der Finsternis haltmachen müssen, getrösten – getrösten im Blick auf unser Leben und auf den Weg der Gemeinde Jesu.

Stark ist meines Jesu Hand,
und ER wird mich ewig fassen,
hat zuviel an mich gewandt,
um mich wieder loszulassen;
mein Erbarmer läßt mich nicht,
das ist meine Zuversicht!

Seiner Hand entreißt mich nichts!
Wer will diesen Trost mir rauben?
Mein Erbarmer selbst verspricht's;
sollt ich seinem Wort nicht glauben?
Jesus läßt mich ewig nicht,
das ist meine Zuversicht.

Karl Bernhard Garve (1763–1841)

12

Die Hände Gottes sind:

Die neuschaffenden Hände, die uns ans Ziel bringen

Wir müssen nicht nur von starken Händen gehalten und hindurchgetragen werden. Es geht um mehr. Neuschöpfung ist das Ziel der Berufung und der Wege Gottes in unserem Leben. Die Religionen und Weltanschauungen, die Menschen mit ihrer Weisheit und Kraft können höchstens das Alte verbessern. Gott aber spricht als der Herr und Erlöser: »Siehe, ICH mache alles neu!« (Offb. 21, 5).

Die schöpferischen, neuschaffenden Hände Gottes umschließen unser vergängliches, irdisches Leben, wenn wir durch Jesus Christus wieder Lebensgemeinschaft mit Gott gefunden haben. Am Tag der ersten Auferstehung, der Auferstehung zum Leben, werden wir durch und durch – bis in den Leib hinein – neugeschaffen sein.

Das also ist das Ziel, wenn Gott unser Leben in Seine Hände nimmt: Alles soll neu werden!

Und das letzte:

Die Hände Gottes
sind die erbarmenden Hände,
die trösten

Noch sind wir nicht am Ziel. Wieviel Tränen fließen still und verborgen in dieser Zeit. Gott sieht sie. Er kennt unsere Not, allen Kummer, alles Leid. Auf die Frage, warum so viel Leiden und Tränen den Weg manches Menschen säumen, finden wir keine Antwort. Aber das ist denen, die Gott und Jesus Christus angehören, verheißen: »Gott wird abwischen alle Tränen von ihren Augen, und der Tod wird nicht mehr sein, noch Leid noch Geschrei noch Schmerz wird mehr sein; denn das Erste ist vergangen« (Offb. 21, 4).

Gottes erbarmende Hände werden uns die Tränen abwischen!

Welch ein Augenblick wird das sein! Welch eine Erquickung!

14

Siehe, das sind Gottes Hände:

die durchbohrten Hände, die dich erlösen;
die segnenden Hände, die dich beschenken;
die starken Hände, die dich nicht fallen lassen;
die neuschaffenden Hände,
die dich ans Ziel bringen;
die erbarmenden Hände, die dich trösten.

In diese Hände soll dein Name gezeichnet sein. In
ihnen sollst du geborgen sein. *Diese Hände Gottes
laden dich ein!*

Ich sehe *ausgestreckte Hände,*
so voller Liebe, voller Huld.
Sie helfen, heilen ohne Ende,
sie trösten und befrein von Schuld.
So willig leg ich meine Hände
in euch, ihr Hände, fest hinein,
die Kraft, das Blut von Seinen Wunden,
sie tragen mich zum Vater heim.

Ich sehe *ausgestreckte Hände,*
sie brechen Hungernden das Brot,
gebieten, daß sich Krankheit wende,
entreißen selbst dem bittern Tod.
So willig leg ich mich all Stunden
in euch, ihr Hände, fest hinein,
die Kraft, das Blut von Seinen Wunden,
sie tragen mich zum Vater heim.

Ich sehe *ausgestreckte* Hände,
sie strecken sich nach Sündern aus.
O sieh die Wunden dieser Hände,
uns quillt ein Strom der Gnade draus.
So willig leg ich mich all Stunden
in euch, ihr Hände, fest hinein,
die Kraft, das Blut von Seinen Wunden,
sie tragen mich zum Vater heim.

Eva v. Tiele-Winckler (1866–1930)